# Ich Fasse Niemanden An.
# Ich Kenne Meine GRENZEN!

Ein Kleinkinderbuch zum Thema
Affirmationen und Grenzen
(2–4 Jahre)

Von

Suzanne T. Christian

TWORAVENS
BOOKS

Taschenbuch Ausgabe: 9781968080914
Gebundene Ausgabe: 9781968080921
Digitale Ausgabe: 9781968080938

Veröffentlicht in den Vereinigten Staaten von Two Ravens Books LLC,
254 Chapman Rd, Ste 209, Newark DE 19702

„Erweitern Sie Ihren Geist, befreien Sie Ihre Fantasie, ein Titel nach
dem anderen."
www.tworavensbooks.com

# Herzlich willkommen bei

# „Ich Fasse Niemanden An. Ich Kenne Meine Grenzen!"

Dieses Buch ist eine unterhaltsame und ansprechende Sammlung einfacher Affirmationen, die speziell für Kleinkinder geschaffen wurde. Während ihr gemeinsam lest, lernt euer Kind die Bedeutung von persönlichem Raum, Grenzen und das Verständnis für seine eigenen Bedürfnisse.

Jede Seite bietet farbenfrohe Illustrationen und Alltagssituationen, die positives Verhalten sanft fördern. Wenn du dieses Buch regelmäßig in eure Vorlesezeit einbaust, wird dein Kind durch Wiederholung - einem Schlüssel zum frühkindlichen Lernen - ein wachsendes Bewusstsein für Grenzen entwickeln.

Mach dich bereit für eine wundervolle Reise voller Selbstwahrnehmung, Respekt und ganz viel Spaß - gemeinsam mit deinem Kind!

*Suzanne T. Christian*

Meine Hände
gehören mir,
und das ist gut so!

Ich gebe große High-Fives, aber ich frage vorher.

Wenn ich meinen Raum brauche,
sage ich: „**Stopp, bitte!**"

Ich mag
Umarmungen,
aber ich frage vorher.

Manchmal brauchen wir alle ein bisschen Platz.

Wenn ich in der Reihe stehe, lasse ich meine Hände an der Seite.

Ich frage:
„Darf ich mitspielen?“,
bevor ich mitmache.

Ich springe vor Freude, wenn ich aufgeregt bin, aber in meinem eigenen Raum!

Ich trete einen Schritt zurück, wenn ein Freund Platz braucht.

Meine Hände
sind zum Winken,
klatschen und für
High-Fives!

Wenn ich nahe sitzen möchte, frage ich:
„Ist dieser Platz okay?"

Teilen macht Spaß, aber ich frage immer zuerst: „Können wir teilen?"

# Ich kann nah sein, aber nicht zu nah. Ich kenne meine Grenzen!

**Ja!**

Wenn ich frage,
höre ich manchmal ein „Ja"
und manchmal ein „Nein",
und das ist auch okay!

„Stopp!" heißt
STOPP!

Ich kann spielen und trotzdem anderen Raum geben – Hurra!

Ich bin freundlich, wenn ich meinen Freunden ihren Raum lasse!

**„Bitte nicht anfassen!"** schützt mich und meine Freunde!

Wenn ich in der Schlange stehe, fasse ich niemanden an – das ist meine geheime Superkraft!

Ich respektiere meinen Raum,
und ich respektiere auch deinen!

# Ich fasse niemanden an.

# Ich kenne meine Grenzen!

## Ende!

# Meine Erstaunliche Verhaltensserie für Kleinkinder

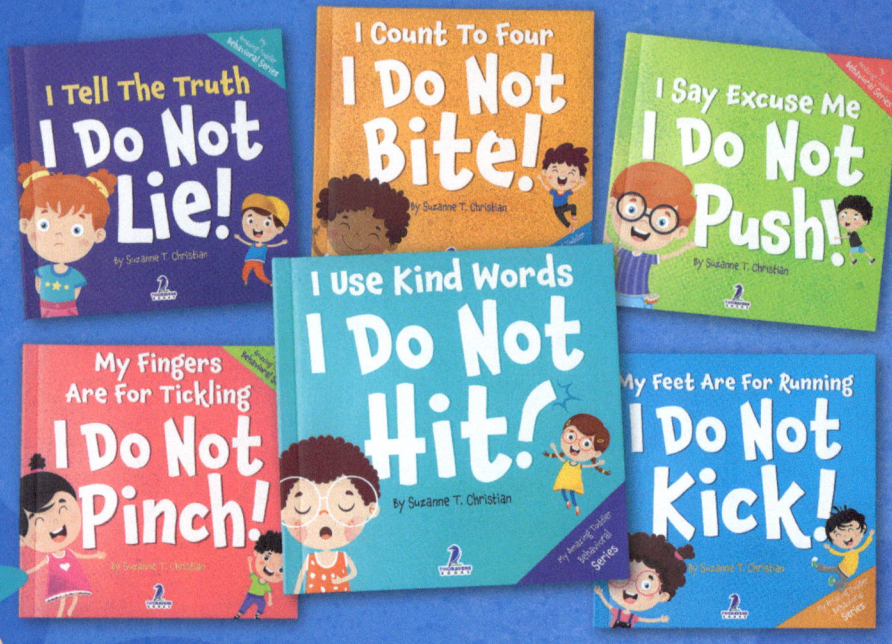

Entdecken Sie
Suzanne T. Christian's beliebte serie
'Meine Erstaunliche Verhaltensserie
für Kleinkinder.'
Junge leser werden es sicher genießen!

Two Little Ravens
CHILDREN'S NON-FICTION BOOKS

# Liebe/r erstaunliche/r Leser/in,

Vielen Dank, dass Sie **„Ich Fasse Niemanden An. Ich Kenne Meine Grenzen!"** mit mir gelesen haben. Wenn dieses Buch Ihr Herz berührt oder bei einem jungen Leser etwas bewirkt hat, wäre ich Ihnen dankbar, wenn Sie Ihre Gedanken in einer Rezension mitteilen könnten. Ihr Feedback inspiriert mich bei meiner zukünftigen Arbeit und hilft anderen, den Zauber dieser Seiten zu entdecken.

Wenn Sie Vorschläge oder Ideen zur Verbesserung des Buches haben, würde ich mich freuen, direkt von Ihnen zu hören. Wenden Sie sich bitte an mich unter **suzanne.christian@tworavensbooks. com.** Ihre Stimme zählt, und ich weiß sie sehr zu schätzen.

Mit aufrichtiger Dankbarkeit,

*Suzanne*